ENERGY to go

55 Impulse für ein gesundes und kraftvolles Leben

riva

Schluss mit Durchhängen

Sehnst du dich danach, mehr Energie zu haben? Möchtest du dich vitaler und kraftvoller fühlen, um deine Ziele erreichen, deiner Gesundheit etwas Gutes tun und wieder mehr Freude und Leichtigkeit spüren zu können?

Auf Sparflamme zu leben fühlt sich unbefriedigend an und verhindert, dass du dein Potenzial voll entfalten kannst. Wenn der Tag schon am frühen Nachmittag für dich gelaufen ist und selbst der fünfte Kaffee dir nicht mehr hilft, einen wachen Kopf zu behalten, wird es höchste Zeit, dich um deinen Energiehaushalt und damit vor allem auch *um dich selbst* zu kümmern.

Bibliografische Information der Deutschen Nationalbibliothek
Die Deutsche Nationalbibliothek verzeichnet diese Publikation in der Deutschen Nationalbibliografie. Detaillierte bibliografische Daten sind im Internet über https://dnb.de/ abrufbar.

Für Fragen und Anregungen
info@m-vg.de

ein Imprint der Münchner Verlagsgruppe GmbH
Türkenstraße 89 | 80799 München
Tel.: 089 651285-0 | Fax: 089 652096

Umschlaggestaltung und Layout: Maria Verdorfer
Abbildungen: Depositphotos/ jag_cz
Satz: Achim Münster
Druck: Longo AG, Italien
Printed in the EU

ISBN Print 978-3-7423-2384-2

Weitere Informationen finden Sie unter
www.rivaverlag.de | www.m-vg.de

ganz ehrlich: Etwas konkreter sollten die Impulse schon sein, damit sie dir schnell helfen. Ist eine Aufforderung wie »mehr Bewegung« nicht zu abstrakt? Und hast du wirklich die Energie, dein Leben komplett umzustellen, wenn du nicht einmal die Kraft hast, es unbeschwert und mit Freude zu genießen?

Wer unter Energiemangel leidet, will kein umfassendes »Energy-Programm« durchziehen müssen. Und das ist auch nicht nötig, denn schon kleine, einfache Maßnahmen können dir schlagartig neue Energie schenken. Und genau darum geht es in diesem Kartenset: Es bietet dir in 55 kurzen Impulsen einfache Möglichkeiten, deine Lebensenergie zu

system, was einen Teufelskreis zur Folge hat: Je schwächer du dich fühlst, desto mehr leidet deine Gesundheit darunter – und je häufiger du Infekte oder andere gesundheitliche Probleme bekommst, desto ausgelaugter wirst du dich wiederum fühlen.

Warte nicht, bis dein Energielevel in den Keller sinkt. Und sollte es schon auf einem Tiefpunkt angelangt sein, dann kümmere dich ab heute bewusster um deine Lebensenergie und entlarve die Energieräuber, die dir das Leben schwer machen.

steigern. Oft geht es dabei um Dinge, die du sofort tun kannst – und gerade, weil sie nur kleine Veränderungen erfordern, wirst du auch die Motivation finden, um sie umsetzen zu können. Denk immer daran: Um große Ziele zu erreichen, kommt man mit kleinen Schritten am besten voran.

Erschöpfung, Kraft- und Lustlosigkeit sind kein Schicksal – du kannst etwas verändern. Jederzeit! Zieh eine Karte, wann immer du einen Impuls brauchst, und finde für dich heraus, welche Schritte für dich die richtigen sind, um Energie zu tanken, deine Gesundheit zu schützen und mit mehr Leichtigkeit und Freude leben zu können.

Die Erschöpfungs-epidemie

Fühlst du dich oft schlapp und angeschlagen und selbst das Wochenende reicht nicht mehr aus, um deine Batterien wieder aufzuladen? Damit bist du nicht allein. Viele Menschen leiden heute unter Energiemangel und Antriebslosigkeit. Chronische Müdigkeit mag zunächst vielleicht harmlos wirken, doch sollten wir schon die ersten Anzeichen dafür sehr ernst nehmen, denn die Folgen sind fatal: Ist deine Lebensenergie geschwächt, so schlägt sich dies auch stark auf deine Stimmung nieder. Und wenn du nichts dagegen unternimmst, kann das Gefühl der Erschöpfung zu depressiven Verstimmungen und sogar zum Burnout führen. Außerdem schwächen Kraft- und Energielosigkeit dein Immun-

55 Impulse für mehr Energie und Lebensfreude

Wenn du dich ständig ausgelaugt fühlst, kränklich bist, deinen Job zunehmend als anstrengend empfindest und sogar die Lust daran verlierst, deine Freunde zu treffen oder dich deinen Hobbies zu widmen, solltest du ganz schnell ein paar Dinge in deinem Alltag verändern. Chronische Erschöpfung ist nämlich leider nichts, was von selbst wieder verschwindet.

Je nach Ursache können verschiedene Strategien dabei helfen, die eigenen Batterien wieder aufzuladen. »Mehr Bewegung«, »viel Schlaf« oder »eine vitalstoffreiche Ernährung« sind Tipps, die nahezu überall zu finden sind, wo es um das Thema Energiemangel geht. Aber

Was raubt dir deine Energie?

Es ist kein Zufall, dass so viele Menschen in der heutigen Zeit andauernd müde sind: Der Alltag ist meist von Terminen, Überlastung und Stress geprägt. Zu viel von diesen Energiefressern und insbesondere eine mangelhafte Stressverarbeitung rauben viel Energie und führen dazu, dass wir uns ständig müde und kraftlos fühlen.

Neben Stress gehören vor allem Schlafstörungen, Bewegungsmangel und eine unvernünftige Ernährungsweise zu den häufigsten Energieräubern. Auch körperliche Anstrengung, Überarbeitung und geistige Überbeanspruchung sind oft schuld daran, wenn wir uns müde und schlapp fühlen.

Falls du zu den Menschen gehörst, die sehr viel geben und immer für andere da sind – wie das etwa bei Eltern, berufstätigen Müttern und Menschen, die in therapeutischen und pflegenden Berufen arbeiten, häufig der Fall ist – dann bist du besonders gefährdet. Denn ebenso wie Überanstrengung und Überforderung kann auch ein Mangel an Abgrenzung dazu führen, dass wir schnell ans Ende unserer Kräfte kommen.

Der vielleicht gefährlichste aller Energieräuber wird aber oft übersehen: Es ist unser eigener Geist. »Schwere« Gedanken, Sorgen, Grübeleien und behindernde Glaubenssätze wirken zermürbend und gehen auf Kosten unserer Vitalität. Auch belastende, niederdrückende Gefühle schneiden uns von unserer natürlichen Energiequelle ab. Daher genügt es nicht, das Thema »Energiemangel« nur äußerlich anzugehen. Mindestens ebenso wichtig ist es, mehr Gelassenheit zu entwickeln, zu mehr Ruhe zu finden und sich darin zu üben, seinen Fokus auf das Positive, Aufbauende und Stärkende zu richten. Daher wirst du in diesem Kartenset auch viele Anregungen finden, die sich genau auf diese Themen beziehen.

Der Wassertrick

Wasser ist ein preiswerter und schneller Energiespender. Ohne Wasser kann dein Körper nicht funktionieren – und da er Wasser nicht ausreichend speichern kann, musst du ihn regelmäßig damit versorgen.

Besonders effektiv ist es, gleich morgens nach dem Aufstehen ein großes Glas stilles Wasser zu trinken – normales Leitungswasser ist absolut ausreichend! Wasser regt den Stoffwechsel an, es hilft deinem Körper, Giftstoffe auszuscheiden, wirkt der Verdickung des Blutes entgegen und fördert die Produktion neuer Blutkörperchen.

Eine Handvoll Nüsse

Nüsse gehören zu den besten Powerstoffen, die die Natur zu bieten hat. Sie enthalten viele gesunde Fette, Eiweiß und Ballaststoffe, die deinem Körper und vor allem auch deinem Gehirn über lange Zeit wertvolle Energie liefern. Nüsse enthalten jede Menge Vitamine – insbesondere Vitamin E sowie B-Vitamine, aber auch Eisen, das für die Energieproduktion in den Zellen benötigt wird. Iss, wenn möglich, täglich eine Handvoll davon, ganz egal ob Macadamianüsse, Cashewkerne, Walnüsse, Mandeln oder Haselnüsse – je mehr Abwechslung, desto besser.

In kleinen Schritten zum Ziel

Verschwende deine wertvolle Lebensenergie nicht damit, dir unrealistische Ziele zu setzen. Oft wollen wir viel zu viel und das auch noch viel zu schnell. Unterteile dein Ziel lieber in kleine Teilziele – fixiere dich nicht zu sehr auf den Gipfel, sondern peile immer nur die nächste Serpentine an. Mach einen kleinen Schritt nach dem anderen. Indem du dich auf kleine Ziele konzentrierst, die du auch wirklich erreichen kannst, steigerst du deine Motivation und weckst deine Energie, statt sie zu vergeuden.

Eine Woche ohne Alkohol

Falls du sowieso keinen Alkohol trinkst, dann zieh eine weitere Karte. Ansonsten verzichte eine Woche lang auf jede Form von Alkohol – auch auf kleine Mengen. Alkohol ist ein Vitamin- und Energieräuber, er belastet Stoffwechsel, Leber und Gehirn, was schnell zu Erschöpfung führen kann.

Beobachte genau, was sich verändert, wenn du eine Zeit lang – natürlich gerne auch länger als eine Woche – strikt auf Alkohol verzichtest. Ändert sich deine Stimmung? Fühlst du dich leichter oder wacher? Wie geht es dir mit diesem Achtsamkeitsexperiment?

Nicht mehr als drei Mahlzeiten am Tag

Falls du zu den Menschen gehörst, die oft zwischendurch »snacken« und gleichzeitig unter Energiemangel leiden, versuche mal über einen längeren Zeitraum, dich auf drei Mahlzeiten am Tag zu beschränken. Wenn du zu häufig Kleinigkeiten isst, belastet das deine Verdauung, denn für diese benötigt dein Körper Zeit und Energie. Außerdem steigt der Insulinspiegel nach jeder kleinen Mahlzeit an, was Entzündungsprozesse begünstigt. Chronische Entzündungen im Körper bleiben oft unbemerkt, doch sie gehören zu den gefährlichsten Energieräubern.

Ätherische Energiespender

Ätherische Öle tragen dazu bei, die Stimmung zu verbessern, und manche von ihnen sind hervorragende Wachmacher. Der Geruchssinn ist eng mit dem limbischen System im Gehirn verbunden, das unsere Gefühle beeinflusst. Zitronen-, Grapefruit-, Eukalyptus- und Rosmarinöl wirken besonders aktivierend. Es genügt, einige Tropfen in die Duftlampe zu geben oder auf ein Taschentuch zu träufeln und eine Weile daran zu schnuppern. Geh jedoch behutsam mit ätherischen Ölen um, denn bei einigen Menschen lösen sie allergische Reaktionen aus.

Grüner Tee

Wenn es um Wachmacher geht, wird Kaffee meist über- und grüner Tee unterschätzt. Dabei führt grüner Tee zu einem deutlich sanfteren, dafür aber viel länger anhaltenden Energieschub als Kaffee. Die stimulierende Wirkung dieses Tees wird vor allem in Japan und China geschätzt. Inzwischen weiß man, dass grüner Tee nicht nur die Aufmerksamkeit und Konzentration verbessert, sondern auch das Herz schützt und sogar das Krebsrisiko verringert. Da grüner Tee über lange Zeit wachhält, ist es am besten, wenn du ihn morgens oder vormittags trinkst.

Die Kreativität wecken

Wir nehmen das Leben oft viel zu ernst und tun zu viele langweilige Dinge. Nimm dir mehr Zeit, um zu spielen und dich kreativ auszuleben. Wenn du deiner künstlerischen, kreativen Seite mehr Beachtung schenkst, wirst du glücklicher und erfüllter sein. Kreativität hilft dabei, Stress abzubauen, Sinn zu finden und dein Potenzial zu entfalten. Ob du lieber malst, musizierst, töpferst, Tagebuch oder Gedichte schreibst, fotografierst oder kochst – finde heraus, was dir Freude macht. Alles, was dazu beiträgt, dass du dich wohler und erfüllter fühlst, schenkt dir auch neue Energie.

Energie-Affirmationen

Programmiere dein Unterbewusstsein auf Vitalität und Energie, indem du Affirmationen nutzt. Diese »Powersätze«, die bewusst mehrmals wiederholt werden, helfen dir, ermüdende Gedanken-, Gefühls- und Verhaltensmuster zu durchbrechen. Such dir einen der folgenden Sätze aus und wiederhol ihn morgens und abends je zehnmal langsam innerlich:

- Ich verbinde mich mit der Quelle meiner Energie.
- Ich fühle mich lebendig und kraftvoll.
- Von Tag zu Tag spüre ich mehr Energie und Lebensfreude in mir aufsteigen.
- Ich ziehe heute positive und belebende Energien in mein Leben.

Power-Stoßatmung

Setz dich aufrecht hin. Atme dann in kleinen, kräftigen Stößen durch die Nase zehnmal schnell aus und ein. Stell dir beim Ausatmen vor, du hättest eine kleine Fliege in der Nase, die du loswerden willst. Beim stoßartigen Ausatmen ziehen sich die Bauchmuskeln kräftig zusammen. Beim Einatmen entspannen sie sich und deine Lunge füllt sich schlagartig von selbst wieder mit Luft. Das Ausatmen sollte aktiv, laut und kräftig, das Einatmen passiv sein. Entspann dich nach den zehn Stößen kurz, atme ein paarmal normal und wiederhol die Stoßatmung anschließend noch zweimal.

Powernapping

Powernapping ist eine besonders kurze Form des Mittagsschlafs, die nicht nur nach dem Mittagessen, sondern auch zwischendurch eingelegt werden kann, um Stress zu reduzieren und die geistige Wachheit zu fördern. In China und Japan ist diese Form des Nickerchens sehr beliebt. Bereits zehn bis 15 Minuten genügen, um tagsüber auftretende Müdigkeit zu überwinden. Länger sollte es aber nicht sein, sonst kann das Nickerchen zu Schlaftrunkenheit führen. Fällt es dir schwer, für diese kurze Zeit abzuschalten, können Ohrstöpsel und/oder eine Schlafmaske hilfreich sein.

In den sauren Apfel beißen

Iss Obst. Am besten mehrmals täglich. Es müssen keine sauren Äpfel sein, wenngleich Äpfel sehr gesund sind. Auch Beeren, Birnen, Bananen, Zitrusfrüchte und Pflaumen schlagen jeden Energieriegel um Längen. Frische Früchte enthalten reichlich Vitamine wie Vitamin C, Folsäure, Kalium und Antioxidantien, die deinen Organismus schützen und dein Immunsystem stärken. Pudding, Eis und andere Desserts durch Obstsorten zu ersetzen, die du magst, ist nur eine Frage der Gewohnheit. Fang am besten noch heute an, diese gute Gewohnheit zu kultivieren.

Den Tag ausklingen lassen

Kleine Abendrituale fördern einen gesunden Schlaf und wer gut schläft, ist am Tag entsprechend fitter. Stress schadet unserer Schlafqualität und führt oft zu chronischer Erschöpfung. Verzichte mindestens eine Stunde, bevor du ins Bett gehst, auf Computer, Smartphone und Fernseher.

Nimm dir etwas Zeit, den Tag Revue passieren zu lassen, und mach dir ein paar Notizen. Oder mach einen kurzen Spaziergang, nimm eine heiße Dusche oder krieg den Kopf frei, indem du ein gutes Buch liest. Was immer dir hilft, runterzukommen, hilft dir, deine Energien zu sammeln.

Ingwer

In der traditionellen Heilkunde Chinas und Indiens gilt Ingwer schon seit Jahrhunderten als wärmendes Heilmittel. Ingwer ist ein wahrer Energie-Booster – er aktiviert den Kreislauf und kurbelt den Stoffwechsel sowie die Verdauung an. Wenn du dich schlapp fühlst, kann eine Tasse Ingwertee (je heißer, desto besser) oder auch ein Ingwer-Smoothie wahre Wunder wirken. Achte aber, wenn möglich, auf Bioqualität und vermeide es, Ingwer zu spät am Tag zu dir zu nehmen, da er sehr aktivierend wirken kann.

Energiespeichernde Atmung

Nimm dir ein paar Minuten Zeit, setz dich aufrecht hin oder leg dich bequem auf den Rücken. Atme einige Male entspannt in deinem eigenen Atemrhythmus. Atme dann sanft durch die Nase ein und zähl langsam bis 4. Halt den Atem dann an, während du innerlich bis 8 zählst. Anschließend atmest du 8 Schläge lang sanft aus. Wiederhol das insgesamt dreimal. Anschließend kannst du einige Male in deinem natürlichen Rhythmus atmen und die Übung anschließend noch einmal wiederholen.

Das Grübelkarussell stoppen

Grübeln belastet Körper und Seele und raubt dir deine Lebensfreude und deine Kraft. Wenn sich negative Gedanken ständig im Kreis drehen, kann dies sogar zu depressiven Verstimmungen führen und dich buchstäblich lähmen. Sobald du merkst, dass deine Gedanken beginnen, sich in Kreisen zu bewegen – wenn du dich beispielsweise sorgst, innere Selbstgespräche führst oder dich selbst kritisierst – dann sage dir innerlich: »Stopp!« Wenn du das regelmäßig machst, wird es mit der Zeit immer einfacher, deine kreisenden Gedanken zu beruhigen und den Energieräuber *Grübeln* auszuschalten.

Eine Woche ohne Zucker

Mach ein Achtsamkeitsexperiment und verzichte eine Woche lang auf jede Art von industriell verarbeiteten Lebensmitteln, die stark gezuckert sind. Nimm weder Süßigkeiten noch Gebäck, Eiscreme oder Limonade zu dir. Zwar kann der Heißhunger auf Süßes bei Erschöpfung stark sein, doch Zuckerkonsum putscht dich nur kurzfristig auf, lässt den Blutzuckerspiegel anschließend aber durch eine vermehrte Insulinproduktion schnell wieder abstürzen. Dies hat zur Folge, dass du hinterher noch weniger Energie hast. Beobachte, was sich während der zuckerfreien Woche verändert.

Move!

Es muss natürlich nicht gleich ein Marathon sein – aber beweg dich so viel wie möglich, denn nichts wirkt so aktivierend wie Bewegung. Um dich fit und vital zu halten, den Stoffwechsel anzukurbeln und deinen Körper mit Sauerstoff zu versorgen, reicht es schon, wenn du öfter mal ein paar Schritte gehst, dich aufs Rad schwingst, die Treppe nimmst, den Rasen mähst oder den Keller aufräumst. Sitzen ist wie Rauchen: Es schadet deiner Gesundheit und kostet dich deine Vitalität. Doch schon kleine Bewegungseinheiten genügen, um dich davor zu schützen.

Einmal täglich Gemüse

Oma hatte schon recht: Wer bis ins hohe Alter gesund und fit bleiben will, sollte täglich etwas Gemüse essen. Dass Brokkoli, Tomaten, Fenchel, Spargel, Zwiebeln und viele andere Gemüsesorten Vitaminbomben sind, wissen wir ja. Doch Gemüse enthält auch Antioxidantien, die die Zellen schützen, und hat entzündungshemmende Eigenschaften. Vor allem grünes Blattgemüse wie Spinat oder Grünkohl steigern unsere Energie, da sie viel Eisen, Magnesium und Vitamin C enthalten.

Achtsam essen

Alles, was du während einer Tätigkeit nebenbei machst, kostet dich Energie. Und das gilt auch fürs Essen. Statt zu essen, während du auf dem Handy herumtippst, Auto fährst oder diskutierst, solltest du wenigstens einmal täglich achtsam essen. Nimm dir Zeit. Iss nicht im Stehen, sondern setz dich bequem hin. Nimm dein Essen mit allen Sinnen wahr. Wie sieht deine Mahlzeit aus? Wie riecht und schmeckt sie? Kaue jeden Bissen gut und nutze das Essen als kleine Meditation. Wenn dein Geist ganz bei dem ist, was du tust, sammelst du deine Kräfte, statt sie zu zerstreuen und zu verschwenden.

Kalte Dusche

Dieser Energie-Power-Tipp ist nichts für Warmduscher und vermutlich generell nicht jedermanns Sache. Aber wer es schafft, morgens wenigstens kurz kalt zu duschen, vitalisiert Körper und Geist. Kaltes Wasser steigert die Durchblutung, stärkt das Immunsystem, regt das Nervensystem an und erhöht Wachheit und Aufmerksamkeit. Durch eine kalte Dusche werden sogar Glückshormone wie zum Beispiel Endorphine freigesetzt.

Für Anfänger gilt: Zuerst warm und zum Schluss noch kurz kalt duschen. Dusche dabei erst die Beine, dann die Arme und zuletzt den Oberkörper kalt ab.

Die Bauchmassage der 36 Kreise

Eine einfache Selbstmassage aus Asien dient dazu, die »Quelle der Lebenskraft«, die nach östlicher Auffassung im Bauch liegt, anzuregen und blockierte Energien zum Fließen zu bringen. Verteile etwas Sesam- oder Mandelöl auf deinem Bauch und massiere ihn mit der rechten Handfläche in großen Kreisbewegungen um den Bauchnabel herum. Üb nur sanften Druck aus und lass die Hand dabei 18-mal im Uhrzeigersinn und anschließend 18-mal gegen den Uhrzeigersinn auf der Haut kreisen. Führe die Kreisbewegungen relativ schnell durch.

Die HA-Atmung

Diese Atemübung wirkt sehr belebend und aktivierend; sie schenkt dir nicht nur neue Energie, sondern hilft auch dabei, Belastendes loszulassen. Steh aufrecht und stabil – die Beine sind leicht gegrätscht, die Schultern entspannt. Einatmend hebst du die Arme langsam seitlich, bis sie über den Kopf gestreckt sind und die Fingerspitzen zur Decke weisen. Atme dann kräftig aus und rufe dabei laut »Ha!«, während du die Arme vor dem Körper passiv nach unten fallen lässt. Wiederhol die Übung drei- bis fünfmal.

Immer nur dieser eine Schritt

Der einfachste Weg, Ruhe zu bewahren, Gelassenheit zu entwickeln und deine Kräfte zu sammeln, besteht darin, immer nur eine Sache gleichzeitig zu tun. An sich geht das gar nicht anders, denn Multitasking ist eine Illusion und für das Gehirn gar nicht umsetzbar. Wer versucht, vieles gleichzeitig zu machen, verliert schnell die Nerven.

Mach es wie die Zen-Meister: Fokussiere dich ganz und gar auf die eine Sache, die du tust. Wenn du telefonierst, dann telefoniere. Wenn du Tee trinkst, dann trink Tee. Bleib gesammelt. Bleib im Jetzt.

Spring dich frei

Ein Mini-Trampolin kostet nicht viel und ist eine sinnvolle Anschaffung. Schon wenige Minuten täglich darauf genügen, um den Kreislauf anzuregen und die Ausdauer zu verbessern. Das Hüpfen stärkt die Muskeln und trägt dazu bei, die Lymphzirkulation im Körper zu verbessern, was die Entgiftung fördert und schnell neue Energie schenkt. Nicht zuletzt setzt das Springen Glückshormone frei. Apropos »springen«: Seilspringen ist eine noch preiswertere Alternative, die die gleichen und im Hinblick auf Kraft und Ausdauer sogar noch bessere Wirkungen erzielt.

Ab in die Sonne

Sonnenlicht hebt die Stimmung und steigert die Energie. Sobald du aufstehst, solltest du zum Fenster gehen und erst einmal die Sonne hereinlassen. So signalisierst du deinem Körper, dass es Zeit ist, in den Wach-Modus zu schalten. Auch durch einen Spaziergang im Freien oder ein kurzes Sonnenbad wird die Serotoninproduktion stimuliert, was dich wach macht und deine Konzentration verbessert. In der dunklen Jahreszeit helfen Tageslichtlampen mit ihrem hohen Anteil an blauen Farbtönen. Ebenso wie die Sonne wirken sie Abgeschlagenheit und depressiven Stimmungen entgegen.

Absolut gar nichts tun

Nimm dir mitten im Alltag, wann immer es dir möglich ist, einige Minuten Zeit, um deine Energiespeicher bewusst aufzuladen. Das tust du, indem du absolut gar nichts tust. Setz oder leg dich bequem hin. Leg das Smartphone weg, lies nicht, hör keine Musik, telefoniere nicht und grübele auch nicht. Schließ, wenn möglich, die Augen und ruh dich einfach nur aus. Schenk dir diese kurze Zeit, um dich auszuklinken und beobachte achtsam Körper und Geist. Ruhe und Entspannung sind immer noch die besten Heilmittel gegen Übermüdung und Kraftlosigkeit.

Journaling

Journaling ist ein moderner Ausdruck fürs Tagebuchschreiben. Bei dieser Praxis genügt es, wenn du dir morgens oder abends ein paar Notizen machst. Dazu brauchst du nur wenige Minuten.

Journaling senkt dein Stressniveau, indem es dir hilft, deine Gedanken und Gefühle besser zu verstehen, deine Bedürfnisse zu erkennen, Probleme zu lösen und kreativer zu werden. Während du dir Belastendes von der Seele schreibst, beruhigt sich dein Geist und deine Energie wird wieder frei, um die Dinge zu tun, die dich wirklich voranbringen.

Lachen

Wir lachen, wenn wir gut drauf sind. Doch auch umgekehrt gilt: Lachen macht glücklich. Schon ein paar Lach-Minuten pumpen Sauerstoff ins Gehirn und vertreiben Müdigkeit. Ein Lach-Yoga-Kurs ist optimal, um wieder laut Lachen zu lernen. Im Lach-Yoga werden verschiedene Techniken eingesetzt, um das Lachen zu simulieren – dabei macht dein Körper keinen Unterschied zwischen absichtlichem und spontanem Lachen. Probiere es selbst aus: Stell dich vor den Spiegel oder unter die Dusche und lache laut los. Auch wenn es dir anfangs ziemlich seltsam vorkommen wird – es wirkt!

Nein zu Junkfood

Wenn du oft Junkfood – also Nahrungsmittel, die viel Fett, Zucker, Salz und Zusatzstoffe enthalten – konsumierst, nimmst du nicht nur zu, du schadest auch deiner Gesundheit. Pommes, Pizza, Burger, Softdrinks, Chips und Süßigkeiten sind Gift für deinen Organismus und rauben dir deine Lebensenergie. Verzichte eine Woche lang strikt auf kalorienreiche, industriell verarbeitete Nahrung und beobachte genau, wie sich dein Körper anfühlt. Wenn du dich langfristig fitter und vitaler fühlen willst, solltest du möglichst oft auf Junkfood verzichten.

Den Herzenszielen folgen

Orientierungslos zu sein kostet viel Energie. Wenn du dein Ziel nicht kennst, fehlt dir ein klarer Kurs, was kräftezehrend ist. Eine klare Zielsetzung hingegen wird deiner Motivation und damit auch deiner Energie Flügel verleihen. Spür deinen Herzenszielen nach, denn sie geben dir Sinn und Richtung. Herzensziele bringen deine Werte zum Ausdruck und sollten Lust und Begeisterung in dir wecken. Wo willst du wirklich hin? Wohin will dein Herz dich führen? Finde es heraus und du wirst nicht mehr unter Energiemangel leiden.

Ohne mich!

Verschwendest du deine Zeit auch manchmal oder sogar oft damit, fremde Bedürfnisse zu erfüllen und überhörst dabei deine eigenen? Wenn du dich von Stress befreien und mit mehr Leichtigkeit leben willst, dann sag öfter einmal »Ohne mich« oder »Nein, danke«. Hab keine Angst, deine Grenzen zu zeigen, denn das ist nicht nur für dich, sondern auch für die anderen wichtig. Du brauchst deine Kraft in erster Linie für deine eigenen Angelegenheiten – verausgabe dich nicht, indem du dich auch noch mit fremden herumschlägst.

Aktive Pausen

Pausen schützen dich davor, auszubrennen. Wenn du lange sitzt, führt dies zu Steifheit und Energieverlust. Leg regelmäßig eine Pause ein und mach ein bisschen *Action*. Zum Beispiel so:

- Streck dich, heb die Arme über den Kopf, beweg den Rücken abwechselnd in einen Buckel und ins Hohlkreuz, mach dich lang. Streck dich wie eine Katze.
- Steh auf und lass die Schultern je zehnmal nach vorne und nach hinten kreisen. Schüttele die Arme und Beine aus.
- Wippe im Stehen mit den Füßen auf und ab, um deine Beinmuskeln zu aktivieren und die Energie wieder zum Fließen zu bringen.

Dunkle Schokolade

Schokolade ist Obst für die Seele. Besonders gesund ist dunkle Schokolade mit einem hohen Kakaoanteil von mindestens 70 Prozent. Sie enthält Antioxidantien, die die Zellen schützen, die Durchblutung verbessern und den Blutdruck senken. Vor allem aber wirkt sich dunkle Schokolade positiv auf deine Stimmung aus, denn sie enthält Substanzen, die die Produktion von Glückshormonen im Gehirn anregen. Dunkle Schokolade enthält weniger Zucker. Wenn du also zwischendurch mal einen Energiekick brauchst, greif lieber zur dunklen Schokolade – je dunkler, desto besser.

Sich mit dem Körper verbinden

Stress entsteht im Kopf. Energieverlust (fast immer) auch! Richte deinen Fokus auf deinen Körper und du wirst dich schlagartig frischer und wacher fühlen. Indem du regelmäßig in deinen Körper hineinspürst, verfeinerst du dein Körperbewusstsein und Anspannungen lösen sich auf. Ruhe im Körper führt zu Ruhe im Geist.

Ob stehend, sitzend oder liegend – wandere mit deinem Bewusstsein achtsam durch deinen Körper. Kannst du Wärme, Anspannungen, Kribbeln oder Schmerzen wahrnehmen? Bleib gelassen. Bewerte nichts, sondern nimm alles so an, wie es ist.

Frische Luft

Schon wenige Minuten Bewegung an der frischen Luft helfen dir, den Kopf klar zu kriegen und wieder zu Kräften zu kommen. Um fit zu bleiben, braucht dein Gehirn viel Sauerstoff – und die einfachste Methode, Sauerstoff zu tanken, besteht darin, rauszugehen und tief durchzuatmen.

Noch besser ist die Wirkung, wenn du einen Spaziergang in der Natur machen und zum Beispiel im Wald »baden« kannst. Zur Not tut's aber auch der Stadtpark. Solltest du dafür absolut keine Zeit haben, öffne wenigstens das Fenster und nimm bewusst ein paar tiefe Atemzüge.

Das Leben genießen

Wer sein Leben in vollen Zügen genießt, leidet nicht so schnell unter Erschöpfung. Genießen ist eine Form der Meditation: Du kannst nicht genießen und gleichzeitig im Stress sein. Und du kannst auch nicht genießen und dich dabei verausgaben. Triff dich mit Freunden, verwöhn dich, lies ein schönes Buch, geh im Wald spazieren. Oder setz dich einfach auf eine Parkbank, schau in den Himmel und genieße es, lebendig zu sein und den Wind oder die Sonne zu spüren. Doch was du auch tust – tauche tief in die Erfahrung ein und schau dabei nicht auf die Uhr.

16-Stunden-Fasten

Kurze Fastenperioden tun Körper und Seele gut und sind im Gegensatz zu längerem Fasten leicht umzusetzen. Durch das Kurzfasten wird der Stoffwechsel trainiert, es finden wichtige Zellreinigungsprozesse statt und die geistige Klarheit erhöht sich.

Bei dieser Methode wird 16 Stunden lang gefastet – in den restlichen 8 Stunden isst du wie gewohnt. Zum Beispiel kannst du um 16 Uhr zum letzten Mal essen und die nächste Mahlzeit dann am nächsten Morgen um 8 Uhr zu dir nehmen. Beobachte, was sich verändert, wenn du gelegentlich oder regelmäßig damit experimentierst.

Lavendel

Lavendel wird traditionell gegen Unruhe, Stress, Erschöpfung und Schlafstörungen eingesetzt. Die Heilpflanze hilft dabei, den ganzen Körper in Balance zu bringen und lindert dadurch Herzrasen, Schwindel, Kurzatmigkeit, Reizbarkeit und depressive Verstimmungen.

Lavendelkissen helfen beim Einschlafen. Als ätherisches Öl kannst du Lavendel als Badezusatz oder im Duftlämpchen verwenden. Für die innere Anwendung und gegen Ängste und Erschöpfung gibt es in der Apotheke Lavendeltee oder Kapseln mit Lavendelöl, das übrigens nicht nur entspannend, sondern auch schmerzlindernd wirkt.

Digital Detox

Exzessiver Medienkonsum führt schnell zu Schlafstörungen, Nervosität, Konzentrationsschwäche, zu Lust- und Kraftlosigkeit und manchmal sogar zu einer »digitalen Depression«. Solange du durch die digitale Welt reist, kannst du vieles nicht tun – zum Beispiel dich bewegen, Freunde treffen, dich ausruhen oder kreativ sein. Führ digitale Fastenzeiten ein. Schalte zum Beispiel dein Handy & Co. um 19 Uhr aus und erst nach dem Frühstück am nächsten Morgen wieder ein. Oder verzichte mal einen ganzen Tag oder das Wochenende über auf deine Geräte und beobachte, was sich dadurch verändert.

Zauberwort »Danke«

Wer dankbar ist, ist glücklicher, entspannter und gesünder. Häufig halten wir die guten Dinge für selbstverständlich oder sind unzufrieden. Dankbarkeit konzentriert unsere Gefühle jedoch auf Fülle, statt auf Mangel. Das Wort »Danke« ist unglaublich mächtig. Wenn du es aussprichst, öffnest du dich dir selbst und anderen gegenüber. Dieses kleine Wort macht dich sanfter, ruhiger und optimistischer. Du wirst die Welt mit anderen Augen sehen, die Schönheit in den kleinen Dingen erkennen und dich lebendiger fühlen, wenn du täglich übst, dankbarer zu sein.

Der Kaugummi-Trick

Auch wenn Kaugummikauen in der Schule nicht gern gesehen wird – wahrscheinlich würde es zu besseren Noten führen, denn die Kaubewegungen des Kiefers erhöhen die Aufmerksamkeit und machen den Kopf wach. Studien zeigen, dass Kaugummikauen uns helfen kann, uns besser zu fokussieren und schneller zu reagieren. Da der Blutfluss durch das Kauen aktiviert und dabei die Sauerstoffversorgung des Gehirns verbessert wird, hebt das Kauen sogar die Stimmung. Der Aktivierungszauber ist allerdings nach rund 15 Minuten vorbei, überleg dir also gut, wann genau du mehr Energie brauchst.

Tanzen

Tanzen reduziert Stress, steigert die Stimmung und macht fit. Natürlich kannst du in den Club gehen, doch »therapeutisches Tanzen« machst du zu Hause – ganz für dich allein. Mach deine Lieblingsmusik an und lass deinen Körper dazu tanzen. Schüttele dich locker durch und schüttele ab, was dich belastet. Fang einfach an, dich zu bewegen. Gib die Kontrolle auf und lass deinen Körper ganz von selbst tanzen. Lenk deine Achtsamkeit auf das Gefühl bei der Bewegung. Finde deinen Rhythmus, spür deinen Körper und nimm dir anschließend noch etwas Zeit, um dich zu entspannen.

Den inneren Kritiker zum Schweigen bringen

In uns allen schlummern viele Persönlichkeiten wie zum Beispiel das innere Kind, der innere Träumer oder der innere Kritiker. Im Grunde genommen will dein innerer Kritiker dich nur vor Schwierigkeiten bewahren, aber oft hemmt er dabei deine Kreativität und blockiert deine Energie. Erkenne, wann dein innerer Kritiker dir sagt, dass du etwas nicht kannst oder sollst. Sag ihm, dass du ihm für seine kritische Sichtweise dankbar bist – aber im Moment möge er bitte schweigen. Später darf er seine Einwände bringen, aber jetzt ist dein kreativer, aktiver Teil an der Reihe.

Koffeinkicks

Ob Cappuccino, Espresso oder Filterkaffee – Koffein macht wach. Nicht umsonst ist Kaffee der wohl beliebteste Energiespender. Schon eine Tasse hilft, Müdigkeit zu vertreiben, die Konzentration und das Gedächtnis zu verbessern und die geistige Energie zu steigern. Kaffee wirkt stimmungsaufhellend und steigert die Motivation. Übertreiben solltest du es allerdings nicht, denn die Dosis macht das Gift. Manche Menschen vertragen große Mengen an Kaffee, andere reagieren schon nach zwei bis drei Tassen mit Nervosität und Schlafstörungen. Beobachte genau, wo deine optimale Dosis liegt.

Essen in Maßen

Eine zu hohe Kalorienzufuhr macht müde und schwächt den Körper. Studien zeigen, dass weniger mehr ist. Wenn du dir angewöhnst, weniger zu essen, arbeitet dein Stoffwechsel effizienter, was sich positiv auf Zellen und Organe auswirkt. Kleinere Essensportionen verlangsamen den Alterungsprozess, wirken Zivilisationskrankheiten sowie chronischer Erschöpfung entgegen und verbessern die Laune. Wenn du deinen Magen nur zu zwei Dritteln füllst, wie es in Japan empfohlen wird, anstatt zu essen, bis du pappsatt bist, steigt dein Energielevel.

Der gute Schlaf

Der wohl wichtigste Faktor für mehr Energie ist ausreichend Schlaf. Rund sieben bis acht Stunden pro Nacht sollten es sein. Gesund, konzentriert und leistungsfähig kannst du nur bleiben, wenn du gut schläfst. Schaffe gute Voraussetzungen dafür: Sorge für regelmäßige Schlafenszeiten, verzichte abends auf Alkohol, Nikotin und schwere Speisen. Schalte Handy und Computer mindestens eine Stunde vor dem Schlafengehen aus und lüfte das Zimmer. Lass den Tag in Ruhe ausklingen – schließ ihn mit einem guten Buch, einer kurzen Meditation, ein paar Zeilen im Tagebuch oder einem Abendspaziergang ab.

Visualisiertes Licht

Tanke innerlich Licht. Nutze deine Fantasie, um dich mit neuer Energie aufzuladen. Leg dich dazu bequem auf den Rücken, mach die Augen zu und visualisiere nun ein warmes Licht, das knapp über deinem ganzen Körper schwebt. Stell dir vor, wie du dieses Licht mit jedem Einatmen aufnimmst. Bei jedem Ausatmen verteilt sich das Licht in deinem ganzen Körper und erfüllt alle Zellen. Streng dich nicht an – es braucht für die Übung keine Willens-, sondern nur Vorstellungskraft. Führ diese Meditation einige Minuten lang durch und lass das Licht gedanklich immer strahlender werden.

Das Leben langsamer angehen

Hektik und Eile rauben dir viel Energie und kosten dich deine innere Ruhe und Gelassenheit. Nutze die Kraft der Langsamkeit, um deine Akkus auch mitten im Tun aufzuladen, statt ständig auf Hochtouren zu laufen. Entschleunigung aktiviert deinen Energiesparmodus. Tu einfach, was du auch sonst tust – aber tu es *besonders langsam*! Ganz gleich ob beim Bügeln, beim Abspülen oder beim Gang durch den Supermarkt – langsam ausgeführte Bewegungen entspannen und bringen auch deinen Geist zur Ruhe. Leg außerdem öfter mal Pausen ein, um einen Gang zurückzuschalten.

Kraftspendende Lebensmittel

Was immer du zu dir nimmst, wirkt sich sowohl auf deine Gesundheit als auch auf deine Stimmung und Lebensenergie aus. Achte auf eine ausgewogene Ernährung, die reich an Nährstoffen ist, vor allem wenn du dich schlapp fühlst.

Zu den Nahrungsmitteln, die dir aus der Müdigkeitsfalle helfen, gehören Vollkornprodukte, frisches Obst und Gemüse, Nüsse, Samen, Hülsenfrüchte und fettarme Milchprodukte. Und die besten Energie-Booster sind Haferflocken, Kurkuma, Bananen, Mandeln, Walnüsse, Beeren, Knoblauch und Süßkartoffeln.

Achtsames Atmen

Meditation stärkt das Immunsystem, hilft dir, loszulassen, harmonisiert deine Beziehungen, verbessert deine Stimmung und schenkt dir sehr viel Lebensenergie. Wichtig ist dabei, dass du regelmäßig einige Minuten lang meditierst.

Setz dich aufrecht hin, schließ die Augen, entspanne Schultern und Gesicht und richte die Achtsamkeit ganz auf den Atem. Beobachte, wie dein Atem sanft an der Nase ein- und ausströmt. Verändere nichts. Entspann dich. Und wenn Gedanken auftauchen, fokussiere dich einfach immer wieder auf deinen Atem – solange, bis die Zeit der Meditation zu Ende ist.

Energiespeicher

Mit der richtigen Atemtechnik kannst du schnell Müdigkeit und Schlappheit vertreiben. Setz dich in eine ruhige Ecke. Schließ die Augen und atme langsam durch die Nase ein. Zähl dabei innerlich langsam bis 8. Atme anschließend aus und zähl wieder bis 8. Halt den Atem im ausgeatmeten Zustand an und zähl erneut bis 8. Wiederhol diesen Atemzyklus mindestens dreimal. Falls dir die Übung zu anstrengend ist, kannst du zwischen den Wiederholungen auch einige normale Atemzüge einlegen.

Öfter mal was anderes

Wenn Routinen dir dabei helfen, die Dinge geregelt zu bekommen, ist das toll. Aber wenn sie dazu führen, dass dein Leben langweilig und grau wird, werden sie zum Energiefresser. Tapetenwechsel setzt viel Energie und Kreativität frei und hält dich flexibel. Bring frischen Wind in dein Leben. Entdecke neue Hobbies, lerne eine Sprache oder ein Instrument, probiere neue Kochrezepte aus oder geh auf Entdeckungsreise. Verändere Kleinigkeiten an deiner täglichen Routine, indem du einen anderen Weg zur Arbeit nimmst, neue Cafés ausprobierst oder neue Leute kennenlernst.

Sag öfter »Ja«

Mit jedem »Nein« verlierst du etwas Energie. Nichts ist anstrengender, als gegen das Leben anzukämpfen. Nichts kostet dich so viel Kraft wie deine inneren Widerstände. Auch wenn du auf manches keine Lust hast – wenn es erledigt werden muss, dann tu es trotzdem. Denk dir »Ich mach das jetzt einfach« und hüte dich davor, zu jammern oder mit dem Schicksal zu hadern. Widerstand ist anstrengend und macht alles schwer. Durch Loslassen und Akzeptanz wird dein Leben hingegen viel leichter. Probiere es noch heute aus, deine Abwehrhaltung loszulassen und öfter »Ja« zu sagen.

Harmonisierende Energieatmung

Diese Atemtechnik schenkt dir Vitalität und innere Kraft, wirkt gleichzeitig aber auch entspannend. Atme im Sitzen tief ein, schließ das rechte Nasenloch mit dem rechten Daumen und atme langsam durch das linke aus. Dann links tief einatmen und das linke Nasenloch mit dem Mittelfinger verschließen. Halt den Atem an und zähl bis 6. Jetzt löst du den Daumen, atmest rechts tief aus und anschließend wieder ein. Wieder beide Nasenlöcher schließen und den Atem für 6 Sekunden anhalten. Dann wieder links ausatmen und so weiter. Führ fünf Zyklen durch.

Hast du Wünsche, Träume und Vorstellungen, die dir unerreichbar erscheinen? Und leidest unter Gewohnheiten, die dir nicht guttun, aber du schaffst es einfach nicht, sie loszuwerden?

Gib nicht auf! Meist braucht es nur einen kleinen ersten Schritt, um große Ziele erreichen und ein glückliches Leben führen zu können. Die 55 Impulse und Übungen der Achtsamkeitsexperten Ronald Schweppe und Aljoscha Long helfen dir dabei, kleine, aber wirkungsvolle Gewohnheiten in deinen Alltag zu integrieren. So werden aus 1 % Aufwand ganz schnell 100 % Lebensfreude!

Aljoscha Long | Ronald Schweppe

Die Kraft des Atmens

55 Impulse, die dein Leben verändern

57 Karten | Kartendeck

ISBN: 978-3-7423-2385-9

Du atmest ganz automatisch – 24 Stunden am Tag. Wir alle tun das. Doch leider bedeutet das nicht, dass wir richtig atmen. Der Stress des Alltags, Sorgen und Belastungen sorgen dafür, dass wir zu schnell, zu flach oder zu kurz atmen. Durch gezielte Atemübungen kannst du nicht nur alltägliche Situationen besser bewältigen – auch schwerwiegendere körperliche und mentale Beschwerden können durch das richtige Atmen gelindert werden. Erreiche mit diesen Atemtechniken schnell eine verbesserte Gesundheit, ein klareres Gefühl für deinen eigenen Körper und eine höhere Stressresistenz.